Bibliografische Information Der Deutschen Bibliothek
Die Deutsche Bibliothek verzeichnet diese Publikation in der
Deutschen Nationalbibliografie; detaillierte bibliografische Daten
sind im Internet über http://dnb.ddb.de abrufbar.

1. Auflage 2009

Illustrationen: Elke Broska · Text: Johanna Stange
Printed and bound by Leo Paper, China
ISBN 978-3-7806-2743-8

Stange/Broska

Laras Weihnachtsgeheimnis

Kaufmann Verlag

Nur noch drei Tage bis Weihnachten! Lara und Max haben mit Mama den ganzen Nachmittag Sterne gebastelt. Und jetzt trägt Lara den Riesenberg Papierschnipsel zur Mülltonne.

Da hört sie ein Geräusch zwischen den Rosenbüschen: „Miau!" Lara dreht sich um. „Oh! Wer bist du denn?", flüstert sie und hockt sich hin. Die kleine rot-weiß getigerte Katze stapft ein paar Schritte durch den Schnee. „Miezmiez!", lockt Lara. Die Katze reibt ihren Kopf an Laras Knie und schnurrt. „Miau!" Ob sie friert? Sie könnte vielleicht mit ins Kinderzimmer kommen, aber bestimmt schimpft Mama dann. Da fällt Lara etwas ein. Sie rennt in die Garage und holt die Klappkiste, die Mama immer zum Einkaufen mitnimmt. Ein altes Handtuch bringt sie auch mit. Neben Papas Fahrrad ist ein guter Platz für die Kiste mit dem Handtuch. „Das ist jetzt dein kuscheliges Katzenbett", flüstert Lara, nimmt die Katze vorsichtig auf den Arm und setzt sie hinein. „Gute Nacht, kleine Miezekatze!"

„Gute Nacht, Lara! Gute Nacht, Max!" Papa knipst das Licht aus. Endlich sind die beiden allein. Und endlich kann Lara von der Katze im Garten erzählen.
„Eine richtige Katze?" Max kann nicht mehr ruhig liegen bleiben und wackelt mit den Füßen. „Ich guck, ob sie noch da ist!", ruft er und springt aus dem Bett. „Warte! Ich hole sie rein", sagt Lara und schleicht aus dem Kinderzimmer.
Ganz leise kommt sie mit der Katze auf dem Arm zurück und setzt sie zu Max aufs Bett. „Sie saß direkt neben der Mülltonne!" Lara strahlt. „Ist sie nicht süß?" Neugierig schaut sich die Katze um. „Miau!"
„Vielleicht hat sie Hunger, ich hol was!", sagt Lara.
Max streichelt die Katze und schaut sie sich ganz genau an. Sie sieht aus wie ein Fifi, findet er. Lara kommt mit einem Stück Käse aus der Küche zurück. „Nee, Fifi ist doch ein blöder Name, du Baby! Sie soll lieber Marie heißen! Marie, guck mal. Magst du Käse?" Und ja, Marie mag tatsächlich Käse.

Aber wie soll es nun weitergehen? Im Kinderzimmer kann die Katze jedenfalls nicht bleiben.

„Marie kann auf dem Dachboden wohnen", überlegt Lara. „Und Weihnachten machen wir für Mama und Papa dann eine Überraschung!"

„Au ja!", sagt Max „Das machen wir!"

Maries Fell ist so weich und warm, Lara kann gar nicht aufhören, es zu streicheln. Und Marie räkelt sich so gemütlich im Bett, als würde sie schon immer hier wohnen. Max legt seine Stoffmaus in die Klappkiste. „Damit Marie nicht so allein ist." Lara nimmt Marie auf den Arm und Max trägt die Klappkiste. So schleichen die beiden auf den Dachboden. Hinten in der Ecke neben dem Schrank ist ein guter Platz zum Schlafen, findet Lara. Und Marie hat nichts dagegen. Sie gähnt und rollt sich schnurrend in der roten Klappkiste zusammen.

Am nächsten Morgen, noch vor dem Kindergarten, geht Lara auf den Dachboden. Sie bringt Marie ein Stückchen Fleischwurst und einen Topf aus der Puppenküche. Den hat sie mit Wasser gefüllt. Marie hat bestimmt Durst.
„Igitt, da ist ja eine Pfütze!" Marie hat Pipi gemacht und fast wäre Lara in den kleinen See getreten. Rasch holt sie einen Lappen und wischt den Boden sauber.
„Lara, wir müssen los. Was machst du denn da oben?" Mama wartet schon ungeduldig. „Das ist eine Überraschung!", ruft Lara schnell und schlüpft in ihre Stiefel.

Heute ist Basteltag im Kindergarten. Die Kinder schneiden Sterne und Engel aus und kleben sie an die Fenster. Und dann darf jeder malen, was er möchte. Lara malt eine kleine Katze mit roten und weißen Streifen und zeigt Nelli ihr Bild. „Guck mal, das ist Marie", sagt sie stolz. Als Nelli das Bild sieht, fängt sie an zu weinen. „Was hast du?", fragt Lara. „Herr Tiger hat auch so Streifen", schluchzt Nelli. „Und seit gestern ist er weg!"
„Oje", murmelt Lara. Sie bleibt ganz still und denkt an Marie zu Hause auf dem Dachboden, die ein bisschen so aussieht wie Herr Tiger.

Als der Kindergarten zu Ende ist, steht Papa schon am Tor. Er will mit Lara und Max auf den Weihnachtsmarkt gehen. Beim Maronenstand zupft Lara an Papas Ärmel. „Du, Papa, der Kater von Nelli, der Herr Tiger, der ist weggelaufen." Arme Nelli! Armer Herr Tiger!

„Wisst ihr", sagt Papa, „manchmal sind Katzen ein paar Tage unterwegs, und dann kommen sie plötzlich wieder. Oder jemand findet sie und bringt sie zurück. Schaut her!" Am Laternenmast klebt ein Zettel. Darauf sieht man eine Katze mit roten Streifen. Papa liest vor: „Herr Tiger ist weggelaufen. Wer ihn findet, soll sich bitte melden."

Lara erschrickt, denn auf dem Foto ist Marie zu sehen. Marie ist also wirklich Herr Tiger! Und Herr Tiger gehört Nelli.

„Bestimmt haben Nelli und ihre Eltern die Zettel aufgehängt", sagt Papa. „Und wenn jemand Herrn Tiger findet, weiß er jetzt, wo der Kater zu Hause ist." Und auch Lara weiß jetzt, dass sie Herrn Tiger zu Nelli bringen muss.

TIGER

Lara wirft ihre Jacke neben die Garderobe und piekst ihren Bruder in die Seite. „Komm, wir gehen schnell auf den Dachboden!“ Zusammen schleichen sie nach oben. Marie sitzt auf der Fensterbank und neben ihr liegen die Reste der Stoffmaus.

„Sie hat mit der Maus gespielt“, freut sich Max. „Und da oben ist Maries Lieblingsplatz!“

Lara schluchzt. „Was ist los, warum weinst du?“, fragt Max.

„Weil das gar nicht unsere Marie ist“, sagt Lara leise und wischt ihre Nase am Ärmel ab. „Das ist Herr Tiger, und der gehört Nelli. Er hat sich nur verlaufen!“

„Nein!“, sagt Max trotzig und verschränkt die Arme. „Das ist jetzt unsere Marie! Nelli kann sie ja besuchen, wenn sie will!“ Aber Lara schüttelt den Kopf. „Das geht nicht. Es ist Nellis Kater.“ Sie krault den schnurrenden Herrn Tiger am Kinn. „Wir müssen ihn zu Nelli zurückbringen!“, sagt sie traurig. „Sie sucht ihn und hat schon überall Zettel aufgehängt. Wenn du was verlierst, willst du es doch auch zurückhaben!“

„Ich will aber nicht! Du bist so gemein!“, schreit Max. „Das wird das doofste Weihnachten seit – seit – seit …seit immer!“

„Ich bring dich nach Hause!" Vorsichtig setzt Lara Herrn Tiger in die Klappkiste und legt eine Decke über ihn. Dann schleicht sie mit der Kiste leise die Treppe hinunter. Max sitzt immer noch auf dem Dachboden und grummelt vor sich hin.

Als Nelli die Haustür aufmacht, miaut es in der Kiste. „Herr Tiger?", fragt Nelli leise. Ja, das ist Herr Tiger! Lara nimmt die Decke herunter. Nelli quietscht und knuddelt ihren Kater. „Mama!", ruft Nelli. „Mama, Herr Tiger ist wieder da. Lara hat ihn gefunden!" Nelli setzt Herrn Tiger wieder auf den Boden. Er streift ihr um die Beine und läuft maunzend durch den Flur zu seiner Lieblingsdecke. Nellis Mutter strahlt über das ganze Gesicht. „Komm doch rein, Lara! Wo hast du Herrn Tiger denn entdeckt?"

„Bei uns neben der Mülltonne", sagt Lara schnell und dreht sich um. „Ich muss wieder nach Hause." Schon kommen die ersten Tränen. „Tschüss", ruft Nelli noch hinter ihr her, aber Lara ist schon um die Häuserecke verschwunden.

3

Lustlos schlenkert Lara die Klappkiste in der Hand, als sie in den Vorgarten einbiegt. Mama steht in der Haustür. „Lara, wo kommst du denn mit meiner Klappkiste her? Ich hab sie schon überall gesucht!" Zum Glück kommt Max in diesem Moment die Treppe heruntergepoltert. „Wir gehen mit Papa einen Weihnachtsbaum aussuchen!", ruft er und drängelt sich an Mama vorbei. „Mooooment!" Mama hält ihn fest und setzt ihm eine Mütze auf den Kopf. „Wenn ihr wieder da seid, backen wir Weihnachtsplätzchen", verspricht sie.
Max und Lara ziehen mit Papa los. „Wir suchen jetzt den allerschönsten Weihnachtsbaum aus", sagt Papa. „Und den allerallergrößten", ruft Max. Papa lacht: „Dann müssen wir aber ein Loch in die Wohnzimmerdecke sägen."
Lara kann nicht mitlachen. Sie muss die ganze Zeit an die kleine rot-weiß gestreifte Katze denken.
Vor dem Stand vom Weihnachtsbaumverkäufer treffen sie Nellis Mutter. Sie ist dabei, die Zettel von den Laternen zu nehmen. „Die brauchen wir zum Glück nicht mehr", sagt sie im Vorbeigehen. „Nelli hat sich so gefreut, dass Herr Tiger wieder da ist. Das wäre wirklich ein trauriges Weihnachten geworden! Danke, Lara!"

Papa bleibt stehen und guckt ganz erstaunt: „Du warst das? Du hast Nellis Katze gefunden, Lara? Das hast du ja gar nicht erzählt. Komm mal her!" Papa nimmt Lara in den Arm und setzt sich mit ihr auf den Schlitten. Und Lara erzählt die ganze Geschichte. Erst langsam und dann immer schneller und dann ist sie ganz still. Papa seufzt. „Wie habt Ihr euch das denn gedacht? So einfach ist das nicht mit einer Katze. Die macht ganz schön viel Arbeit."

„Gar nicht, Papa. Nur ein kleines bisschen", sagt Lara. „Können wir nicht auch bitte, bitte eine Katze haben?" „Ja!", ruft Max. „Ich spiel auch immer mit ihr und geh mit ihr Gassi."

„Eine Katze muss man doch gar nicht ausführen!", lacht Lara ihren Bruder aus.

„Es ist wirklich toll, dass du Herrn Tiger zurückgebracht hast, Lara", sagt Papa. „Aber jetzt müssen wir ganz dringend den allerschönsten Weihnachtsbaum suchen, wenn auch vielleicht nicht den allerallergrößten."

„Au ja." Max rennt los und Lara flitzt hinterher.

Papa ächzt, als er den Weihnachtsbaum in der Garage abstellt. „Der allerschönste Weihnachtsbaum ist immer auch der allerschwerste!", stellt er fest.
„Da habt ihr aber einen hübschen Baum ausgesucht!" Mama kommt aus dem Haus. „Wo wart ihr denn so lange?"
Jetzt muss Lara die Geschichte von Herrn Tiger und dem Dachbodenversteck auch Mama erzählen. Mama runzelt die Stirn. „Ihr macht Sachen! Sammelt einfach eine Katze ein und versteckt sie auf dem Dachboden! Stellt euch vor, jemand würde das mit eurer Katze machen!"
„Aber sie hatte sich doch verlaufen und war ganz hungrig", murmelt Lara.
„Na ja", sagt Mama, wieder besänftigt, „immerhin habt ihr Herrn Tiger gleich zurückgebracht. Das war wirklich lieb von euch!"
Max schaut Mama erwartungsvoll an. „Können wir nicht eine eigene Katze haben? Nur eine ganz, ganz kleine?" Papa schüttelt den Kopf. „Das habe ich euch doch schon erklärt. Außerdem machen kleine Katzen noch viel mehr Arbeit als große. Alles kaputt machen sie auch!" Und Mama erklärt: „Nicht alles, was man sich wünscht, kann man sofort bekommen. So, und wir backen jetzt endlich Weihnachtsplätzchen. Helft ihr mir dabei?"

Einmal noch schlafen bis Weihnachten! Einmal noch in den Kindergarten! „Tschüss, Mama!" Lara hüpft die Stufen zum Kindergarten hoch. Die Erzieherin Frau Klack steht in der Tür. „Guten Morgen, Lara! Nelli hat mir erzählt, dass du ihre Katze gefunden hast. Gut gemacht!"
Auch alle Kinder der Gruppe kennen schon die Geschichte von Nellis verlorener Katze und wie Lara sie gefunden und zurückgebracht hat. Nelli hat für Lara sogar ein kleines Weihnachtspäckchen mitgebracht. Es ist in rotes Geschenkpapier gewickelt mit kleinen Sternen darauf und hat eine goldene Schleife. „Von meiner Mama", sagt sie. „Und du und Max, ihr sollt uns ganz oft besuchen kommen und dürft immer mit Herrn Tiger spielen!"
Lara reißt das Papier auf. Kekse mit Schokolade und bunten Streuseln sind in dem Päckchen und ganz unten, da liegt noch ein roter Glitzerstift. Vor lauter Stolz und Freude bekommt Lara ganz rote Ohren. Sie vergisst sogar ein bisschen, wie traurig sie ist.

23

Endlich klingelt das Weihnachtsglöckchen und die Tür zum Wohnzimmer geht auf. Da steht der allerschönste Weihnachtsbaum. Er glänzt und strahlt! Und darunter? Da liegen lauter seltsame Sachen. Blitzschnell sitzt Max neben dem Baum und schaut sich alles an.
Da klingelt es noch einmal. Papa steht in der Tür und hat eine schwarz-weiße Katze auf dem Arm, die sich neugierig umschaut. „Überraschung!", rufen Papa und Mama gleichzeitig. „Das ist Lilly", strahlt Papa. „Sie sucht ein neues Zuhause. Ist bei euch vielleicht noch ein Plätzchen frei?"
„Das ist ja …", stottert Lara. „ …eine Katze!", ergänzt Mama. Papa setzt Lilly auf den Boden. Sie streckt sich erst mal ausgiebig und setzt sich dann zwischen die Geschwister. Max krault Lilly hinter dem linken Ohr und Lara streichelt ihren Rücken. „Lilly zieht jetzt zur Probe bei uns ein. Und wenn es ihr gefällt, dann bleibt sie für immer!", erklärt Mama.
„Wisst ihr was?", triumphiert Lara. „Manchmal bekommt man doch, was man sich wünscht! Und jetzt ist es sogar eine richtig große Katze geworden."